EMG3-0105
合唱楽譜<J-POP>

J-POP
CHORUS PIECE

合唱で歌いたい！ J-POPコーラスピース

混声3部合唱

未来予想図II

(DREAMS COME TRUE)

作詩・作曲：吉田美和　合唱編曲：佐藤文子

JN219784

••• 演奏のポイント •••

♪対旋律の美しさを味わいながら歌いましょう。主旋律をよく聴いて、各フレーズを繋いでいくよう滑らかに演奏しましょう。

♪CとHは、それまでの緩やかな流れから雰囲気を変えましょう。ピアノの和音の刻みをよく聴いて、サビへ盛り上がるようにもっていきましょう。

♪サビの3連符「よそうず」は、合唱とピアノのタイミングを揃えましょう。また、その後の「はー」は緊張感を持ってしっかり2拍伸ばし、「ほら」までエネルギーを溜めていくようにしましょう。

♪ピアノは、前奏・間奏・後奏のメロディーをしっかり聴かせることがポイントです。テンポが速くならないように旋律を歌いながら弾きましょう。

【この楽譜は、旧商品『未来予想図II〔混声3部合唱〕』（品番：EME-C3062）とアレンジ内容に変更はありません。】

ELEVATO
MUSIC ENTERTAINMENT

未来予想図II

作詩・作曲:吉田美和　合唱編曲:佐藤文子

13
B
mf
い
mf
あ の こ ろ バ イ クでー と ば したー い え ま で の み ちー
B
G
C/G
Am7
C/D
G
17
mp
いまは ルー フ からの ほし を は し ってるー
まはルーフー か ら の ほ し をー み な がらー は し ってるー
い まー ー は ほ し ー を は し ってるー
C
Bm7
Am7
C/D
G
mf
C
21
mf
わ た しをー お ろ し たあとー Woo み お く るとー い つも
mf
わ た しをー お ろ し たあとー かどを ま が る までー み お く るとー
mp
mf
Ah
かどを ま が る までー み お く るとー
C
C
D/C
C
D/C
Bm7
E

25
cresc.
f
ー ブ レ ー キ ラ ン プ ー ご か い て ん め つ ー ア イ シ テ ル の サ イ ン ー き っ と
い つ も ー て ん め つ ー ア イ シ テ ル の サ イ ン ー ー き っ と
い つ ー も て ん め つ ア イ シ テ ル の サ イ ン ー き っ と
Am7 D7 Bm7 Em7 Am7 CM7/D D
29
D
ー な ん ね ん た ー ってもー か わ ら ぬ き も ちでー
ー な ん ね ん た ー ってもー こ う し て ー かわー ら ぬ き も ちでー す ご し
ー な ん ね ん た ー ってもー こ う し て ー き も ちでー
G F#m7(♭5) B7 Em Em7/D C D
33
mp
す ご し てー ゆける のねー あ な た と だ か ら ー ー ず っ
ー て ゆ け る の ね ー あ な た と だ か ら ー ー ず っ
す ご し て あ な た と だ か ら ー ー ず っ
G F#m7(♭5) B7 Em EmM7/D# Em7/D C#m7(♭5)

37
E
cresc.
ff
とこころにえがくー　みらい　よそうずは　ほら
とこころにえがくー　みらい　よそうずは　ほら
とこころにえがくー　よそうずは　ほら
C　D/C　Bm　E　Am7　D　D/C　Bm　E7
41
mf
f
おもったー　かなえられーてく
とうりにー　かなえられーてく
(o)
かなえられーてく
CM7　Bm7　Em　C　Gsus4/D
44
ー
E♭M7　F　G　E♭M7　F　G

F
48
Solo or tutti
mf
と き ど き ふ た り でー ひ ら いてー みるー アルー バ ム ー
Solo or tutti
mf
ま
F
G
mp
C/G
Am7
C/D
G
52
だ や ん ちゃなー しゃ し ん た ちにー わ ら い な ー が ら ー
C
Bm7
Am7
C/D
D7
G
56
(tutti)
mp
Woo
Woo
(tutti)
mp
Woo
Woo
mf
こ
mf
ど れ く ら い お なじー じ かん ー ふ た りでー い た か し らー
G
G
C/G
Am7
C/D
G

60
こんな ふう に さーり げな く ま い にち も ー
ん な ふ うに ー さ り げ な く ー す ぎ て く ー ま い に ち も ー
こ ん ー な ふ ー う に す ぎ て く ー ま い に ち も ー
C
Bm7
Am7
C/D
G
mf
H
64
mf
ふ たり でー バ イ ク の メ ッ トー Woo あ の あ い ずー サ イ ン
ふ た り でー バ イ ク の メ ッ トー ご か い ぶ つ け て たー あ の あ い ずー
mp
Ah ご か い ぶ つ け て たー あ の あ い ずー
C
D/C
C
D/C
Bm7
E
68
cresc.
f
ー か わ ーったい ま も ー お なじー き も ち で す な お に あ い し てるー き っと
サ イ ンー き も ち でー す な お に あ い し てるー ー き っと
サ イ ー ン き も ち で す な お に あ い し てるー き っと
Am7
D7
Bm7
Em7
Am7
CM7/D
D

I
72
ー なんねんたー ってもー かわらぬ おも いをー
ー なんねんたー ってもーこうしてー かわーらぬおも いをー もって
ー なんねんたー ってもーこうしてー おも いをー
I
G F♯m7(♭5) B7 Em Em7/D C D
76
もっていられるのもー あなた とだからー ー ずっ
ー いられるのもー あなた とだからー ー ずっ
もーーって あなた とだからー ー ずっ
G F♯m7(♭5) B7 Em EmM7/D♯ Em7/D C♯m7(♭5)
J
80
とこころにえがくー みらい よそうずは ほら
とこころにえがくー みらい よそうずは ほら
とこころにえがくー よそうずは ほら
J
C D/C Bm E Am7 D D/C Bm E7

84
ff
おもったー
かなえられーてくー
ほら
とうりにー
(o)
CM7
Bm7
Em
C
Gsus4/D
G
E7
88
mf
f
かなえられーてく…
mp
Em7
91
rit.
E♭M7
F
G

MEMO

未来予想図Ⅱ（DREAMS COME TRUE）

作詩：吉田美和

卒業してから　もう3度目の春
あいかわらず　そばにある　同じ笑顔
あの頃バイクで　飛ばした家までの道
今はルーフからの星を　見ながら走ってる

私を降ろした後　角をまがるまで　見送ると
いつもブレーキランプ　5回点滅
ア・イ・シ・テ・ル　のサイン

きっと何年たっても　こうしてかわらぬ気持ちで
過ごしてゆけるのね　あなたとだから
ずっと心に描く　未来予想図は
ほら　思ったとうりに　かなえられてく

時々2人で　開いてみるアルバム
まだやんちゃな　写真達に笑いながら
どれくらい同じ時間　2人でいたかしら
こんなふうにさりげなく　過ぎてく毎日も

2人でバイクのメット　5回ぶつけてたあの合図
サイン変わった今も　同じ気持ちで
素直に　愛してる

きっと何年たっても　こうしてかわらぬ思いを
持っていられるのも　あなたとだから
ずっと心に描く　未来予想図は
ほら　思ったとうりに　かなえられてく

ほら　思ったとうりに　かなえられてく…

ELEVATO
MUSIC ENTERTAINMENT

エレヴァートミュージックエンターテイメントはウィンズスコアが展開する「合唱楽譜・器楽系楽譜」を中心とした専門レーベルです。

ご注文について

エレヴァートミュージックエンターテイメントの商品は全国の楽器店、ならびに書店にてお求めになれますが、店頭でのご購入が困難な場合、下記PC＆モバイルサイト・FAX・電話からのご注文で、直接ご購入が可能です。

◎PCサイト＆モバイルサイトでのご注文方法

http://elevato-music.com

上記のアドレスへアクセスし、WEBショップにてご注文ください。

◎FAXでのご注文方法

FAX.03-6809-0594

24時間、ご注文を承ります。上記PCサイトよりFAXご注文用紙をダウンロードし、印刷、ご記入の上ご送信ください。

◎お電話でのご注文方法

TEL.0120-713-771

営業時間内に電話いただければ、電話にてご注文を承ります。